THE USBORNE INTERNET-LINKED

FIRST THOUSAND WORDS

IN FRENCH

With Internet-linked pronunciation guide

Heather Amery

Illustrated by Stephen Cartwright

Edited by Nicole Irving

and designed by Andy Griffin

French language consultant: Lorraine Sharp

About Usborne Quicklinks

To access the Usborne Quicklinks Web site for this book, go to
www.usborne-quicklinks.com
and enter the keywords "1000 french". There you can:

- listen to the first thousand words in French, read by a native French speaker

- print out some French picture puzzles for free

- find links to other useful Web sites about France and the French language

Listening to the words

To hear the words in this book, you will need your Web browser
(e.g. Internet Explorer or Netscape Navigator) and a program that lets you play sound
(such as RealPlayer® or Windows® Media Player). These programs are free and, if you
don't already have one of them, you can download them from Usborne Quicklinks.
Your computer also needs a sound card but most
computers already have one of these.

Note for parents and guardians

Please ensure that your children read and follow the Internet safety
guidelines displayed on the Usborne Quicklinks Web site.

The links in Usborne Quicklinks are regularly reviewed and updated.
However, the content of a Web site may change at any time and Usborne Publishing
is not responsible for the content on any Web site other than its own. We recommend
that children are supervised while on the Internet, that they do not use
Internet Chat Rooms, and that you use Internet filtering software to block
unsuitable material. For more information, see the **Net Help**
area on the Usborne Quicklinks Web site.

On every double page with pictures,
there is a little yellow duck to look for.
Can you find it?

About this book

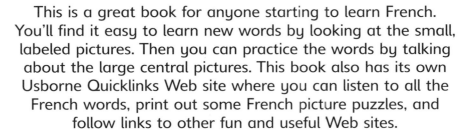

This is a great book for anyone starting to learn French. You'll find it easy to learn new words by looking at the small, labeled pictures. Then you can practice the words by talking about the large central pictures. This book also has its own Usborne Quicklinks Web site where you can listen to all the French words, print out some French picture puzzles, and follow links to other fun and useful Web sites.

Masculine and feminine words

When you look at French words for things such as "table" or "man", you will see that they have **le**, **la** or **l'** in front of them. This is because all French words for things and people are either masculine or feminine. **Le** is the word for "the" in front of a masculine word, **la** is "the" in front of a feminine word, and you use **l'** in front of words that begin with "a", "e", "i", "o" or "u". In front of the words that are plural (more than one, such as "tables" or "men"), the French word for "the" is **les**.

All the labels in this book show words for things with **le**, **la**, **l'** or **les**. Always learn them with this little word.

Looking at French words

A few French words have accents. These are signs that are written over or under some letters. Usually they are over the letter "e", and they change the way you say the letter.

Saying French words

The best way to learn how to say French words is to listen to a French speaker and repeat what you hear. You can listen to all the words in this book on the Usborne Quicklinks Web site. For more information on how to do this, see the page on the left. At the back of this book, there is also a word list with an easy pronunciation guide for each French word.

A computer is not essential

If you don't have access to the Internet, don't worry. This book is a complete and excellent French word book on its own.

3

La maison

la baignoire

le savon

le robinet

le papier
hygiénique

la brosse à dents

l'eau

les toilettes

l'éponge

le lavabo

la douche

le lit

La salle de bains

Le salon

la serviette

le dentifrice

la radio

le coussin

le CD

la moquette

le canapé

la chaise

la couette

le peigne

le drap

la descente de lit

l'armoire

La chambre

l'oreiller

la commode

le miroir

la brosse à cheveux

la lampe

L'entrée

les posters

le portemanteau

le téléphone

le radiateur

la cassette vidéo

le journal

la table

les lettres

l'escalier

5

le réfrigérateur

les verres

la pendule

le tabouret

les petites cuillères

l'interrupteur

le paquet
de lessive

la clé

la porte

La cuisine

l'évier

l'aspirateur

les casseroles

les
fourchettes

le
tablier

la planche à
repasser

les ordures

la bouilloire

les couteaux

le balai à franges

le chiffon

les carreaux

le balai

le lave-linge

la pelle à ordures

le tiroir

les soucoupes

la poêle

la cuisinière

les cuillères en bois

les assiettes

le fer à repasser

le torchon

les tasses

les allumettes

la brosse

les bols

le placard

7

la brouette

la ruche

l'escargot

les briques

le pigeon

la bêche

la coccinelle

la poubelle

les graines

l'appentis

Le jardin

l'arrosoir

le ver de terre   les fleurs

le tourniquet

la binette

la guêpe

l'abeille

le déplantoir

l'os

la haie

la fourche

la tondeuse

le chemin

les feuilles

l'arbre

la fumée

la chenille

le râteau

le nid

les bâtons

l'herbe

le landau

l'échelle

le feu

le tuyau
d'arrosage

la serre

l'étau

le papier de verre

la perceuse

l'échelle

la scie

la sciure

le calendrier

L'atelier

les vis

la boîte à outils

le tournevis

la planche

les copeaux

le canif

10

les punaises

 l'araignée

 les boulons

 les écrous

 la toile d'araignée

 le tonneau

la mouche

 la hache

 le mètre

le marteau

 la lime

 le pot de peinture

 le rabot

 les morceaux de bois

 les clous

 l'établi

 les pots

11

La rue

le magasin

le trou

le café

l'ambulance

le trottoir

l'antenne de télévision

la cheminée

le toit

le bulldozer

l'hôtel

l'autobus

le monsieur

la voiture de police

les tuyaux

le marteau piqueur

l'école

la cour de récréation

le taxi

 le passage pour piétons

l'usine

le camion

le feu de signalisation

le cinéma

 la camionnette

 le rouleau compresseur

 la remorque

 la maison

 le marché

 les marches

 la moto

 l'immeuble

la bicyclette

le camion de pompiers

l'agent de police

la voiture

la dame

le lampadaire

13

le train électrique

les dés

la flûte

le robot

les tambours

le collier

l'appareil photo

les perles

les poupées

la guitare

la bague

Le magasin de jouets

l'harmonica

la maison
de poupée   le sifflet

les cubes   le château fort
le sous-marin   la trompette

les flèches

l'arc

le parachute

le bateau
à voiles

les bâtons de
maquillage

le rouleau
compresseur

les masques

la voiture
de course

le cheval à bascule

la tirelire

les billes

les marionnettes

le piano

les astronautes

la grue

la pâte à modeler

le fusil

les soldats
de plomb

la boîte
de peinture

la fusée

15

Le jardin public

les balançoires

le bac à sable

le pique-nique

le cerf-volant

la glace

le chien

la barrière

le chemin

la grenouille

le toboggan

le banc

les têtards

le lac

les rollers

le buisson

16

le bébé

 la planche à roulettes

 la terre

 la poussette

 la balançoire

 les enfants

 le tricycle

 les oiseaux

 la clôture

 le ballon

 le bateau

 la ficelle

 la flaque d'eau

 les canetons

 la corde à sauter

 les arbres

 la plate-bande

 les cygnes

la laisse

 les canards

17

Le zoo

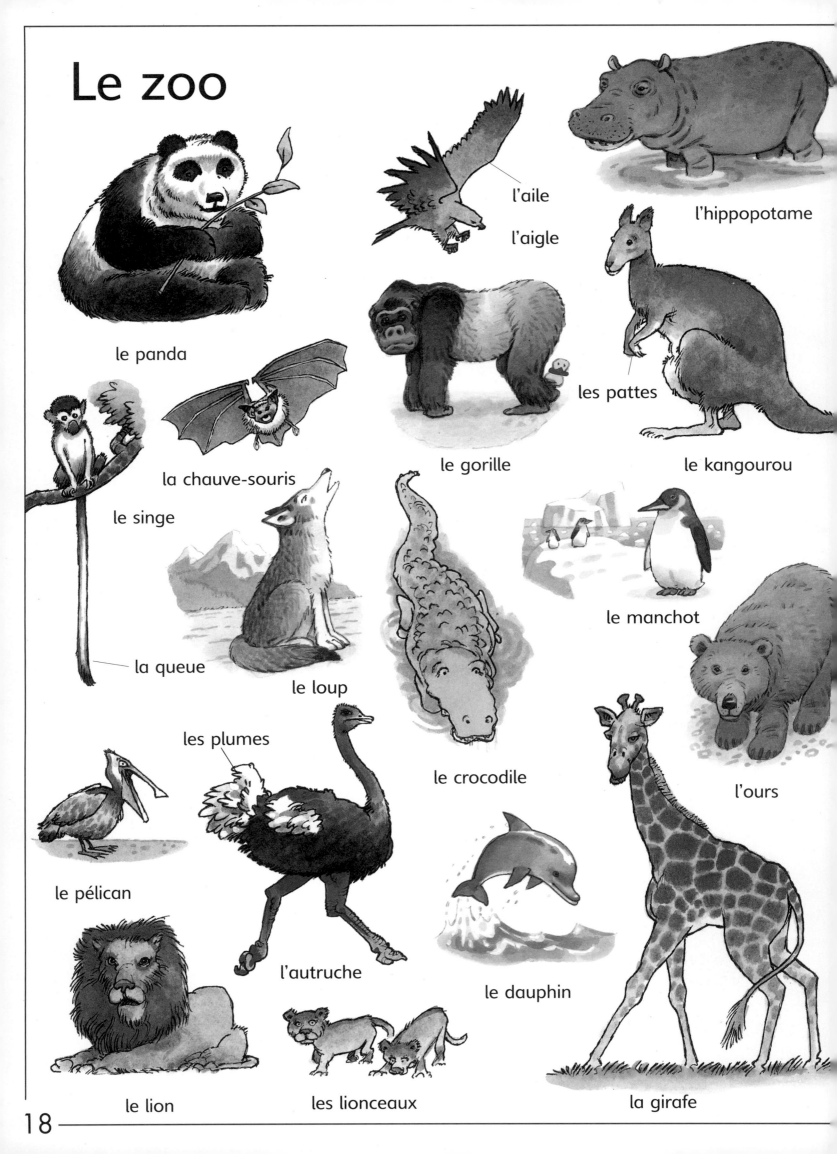

le panda

l'aile

l'aigle

l'hippopotame

la chauve-souris

le singe

le gorille

les pattes

le kangourou

la queue

le loup

le manchot

les plumes

le crocodile

l'ours

le pélican

l'autruche

le dauphin

le lion

les lionceaux

la girafe

les bois

le cerf

le dromadaire

le phoque

l'ours blanc

la tortue

la trompe

l'éléphant

le rhinocéros

le bison

le castor

le zèbre

le serpent

la chèvre

le requin

la baleine

le tigre

le léopard

19

les rails

la locomotive

les tampons

les wagons

le mécanicien

le train de
marchandises

le quai

la contrôleuse

la valise

la billetterie

Le voyage

l'hélicoptère

La gare

Le garage

les feux
de signalisation

le sac à dos

les phares

le moteur

la roue

la batterie

l'avion

l'hôtesse de l'air

la piste

la tour de contrôle

L'aéroport

le steward

le pilote

le lavage-auto

le coffre

l'essence

la dépanneuse

LAVAGE-AUTO

la pompe à essence

e camion-citerne

la clef

le pneu

le capot

l'huile

l'éolienne

la montgolfière

le papillon

le lézard

les pierres

le renard

le ruisseau

le poteau indicateur

le hérisson

l'écluse

La campagne

la montagne

l'écureuil

la forêt

le blaireau

la rivière

la route

les tentes

le canal

les rondins

le village

le papillon
de nuit

le pont

la péniche

la cascade

le hibou

le tunnel

les renardeaux

la taupe

le pêcheur

les rochers

le crapaud

le train

la caravane

la colline

23

la meule de foin

le chien de berger

les canards

les agneaux

la mare

les poussins

le grenier

la porcherie

le taureau

les canetons

le poulailler

le tracteur

La ferme

le coq

les oies

le camion-citerne

la grange

la boue

la charrette

le fermier

 le champ

 les poules

 le veau

 la palissade

 la selle

 l'étable

 la vache

 la charrue

 le verger

 l'écurie

 les petits cochons

 la bergère

 les dindons

 l'épouvantail

 le foin

 les moutons

 les bottes de paille

 le cheval

 les cochons

 la ferme

25

La plage

le bateau à voiles

le coquillage

la mer

la rame

le phare

la pelle

le seau

l'étoile de mer

le château de sable

le parasol

le drapeau

le marin

le crabe

la mouette

l'île

le canot à moteur

le ski nautique

les vagues

le chapeau
de paille

la falaise

le navire

le kayak

la corde

les galets

les algues

le filet

la pagaie

le bateau
de pêche

les palmes

l'âne

le poisson

le maillot
de bain

le pétrolier

la plage

la barque

le transat

les ciseaux

$$2 + 2 = 4$$
$$3 + 2 = 5$$

le calcul

la gomme

la règle

les photos

les feutres

les punaises

la boîte de peinture

le garçon

le crayon

L'école

le tableau

le bureau

les livres

le stylo
à encre

la colle

la craie

le dessin

la corbeille à papier

l'institutrice

la boîte

la carte

le pinceau

le plafond

le mur

le plancher

le cahier

a b c d e f g h i j k l m n o p q r s t u v w x y z

l'alphabet

le badge

l'aquarium

le papier

le store

la poignée

la plante

la mappemonde

la fille

les crayons cire

la lampe

le tableau noir

29

l'infirmier

le coton

le médicament

l'ascenseur

la robe de chambre

les béquilles

les comprimés

le plateau

la montre

le thermomètre

le rideau

L'hôpital

l'ours en peluche

la pomme

le plâtre

la bande

le fauteuil roulant

le puzzle

le docteur

la seringue

Le docteur

les pantoufles

l'ordinateur

le pansement

la banane

le raisin

le panier

les jouets

la poire

les cartes

la couche

la canne

la télévision

la chemise
de nuit

le pyjama

l'orange

les mouchoirs
en papier

la BD

la salle d'attente

31

La fête

le ballon

le chocolat

le bonbon

la fenêtre

les feux d'artifice

le ruban

le gâteau

les cadeaux

la paille

la bougie

la guirlande

les jouets

32

la clémentine

le saucisson

la cassette

la saucisse

les chips

les déguisements

la cerise

le jus de fruits

la framboise

la fraise

l'ampoule

le sandwich

le beurre

le biscuit

le fromage

le pain

la nappe

33

Le magasin

le pamplemousse

la carotte

le chou-fleur

le poireau

le champignon

le concombre

le citron

le céleri

l'abricot

le melon

le sac

FROMAGE

FRUITS ET LÉGUMES

l'oignon   le chou

la pêche

la laitue   les petits pois

la tomate

34

les œufs

 la prune

 la farine

 la balance

 les bocaux

 la viande

 l'ananas

 le yaourt

 le panier

 les bouteilles

 le sac à main

 le porte-monnaie

 l'argent

 les boîtes de conserve

 le caddie

 les pommes de terre

les épinards

les haricots

 la caisse

 la citrouille

35

La nourriture

le déjeuner

le petit déjeuner

l'œuf à
la coque

le pain grillé

la confiture

l'œuf au plat

le café

la crème

le lait

les céréales

le chocolat
chaud

le sucre

le miel

le sel

le poivre

le thé

les crêpes

les petits pains

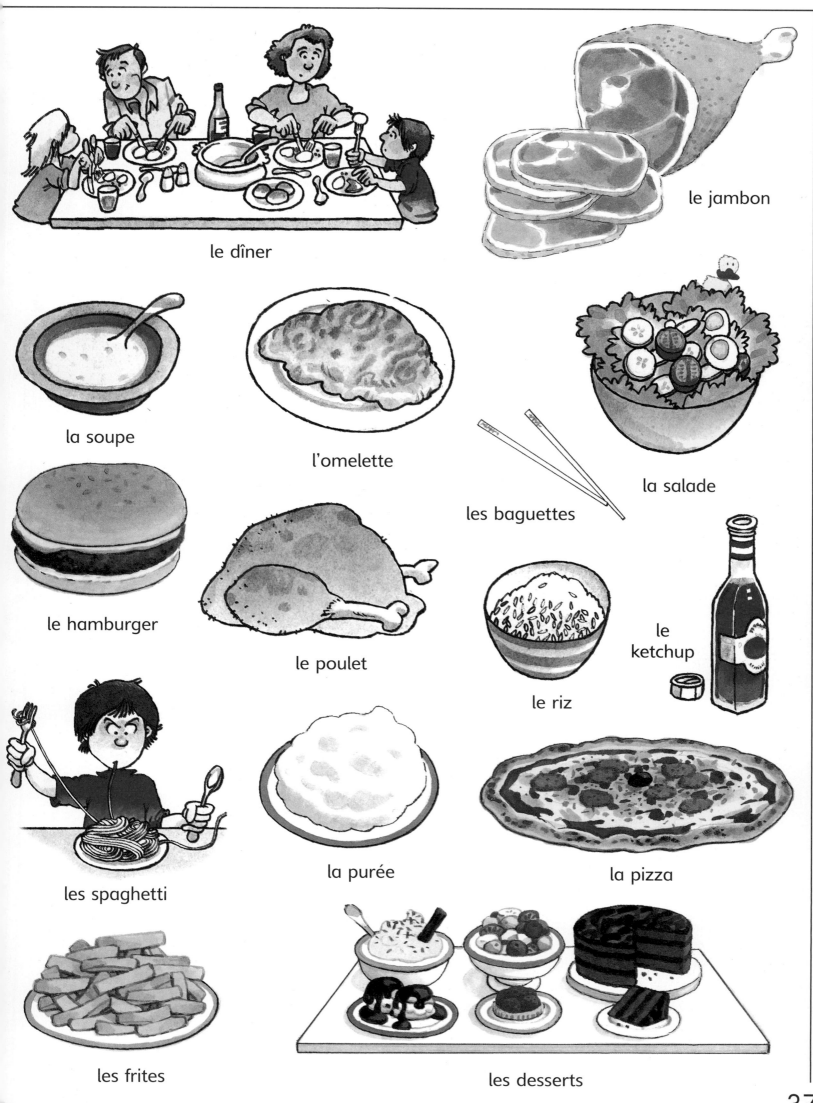

le dîner

le jambon

la soupe

l'omelette

la salade

les baguettes

le hamburger

le poulet

le riz

le ketchup

les spaghetti

la purée

la pizza

les frites

les desserts

37

Moi

la tête — les cheveux

la figure

le sourcil

l'œil

le nez

la joue

la bouche

les lèvres

le bras

le coude

le ventre

les dents

la langue

le menton

les oreilles

le cou

les épaules

les doigts de pied

le pied

la jambe

le genou

la poitrine

le dos

le derrière

la main

le pouce

les doigts

Les vêtements

les chaussettes

le slip

le maillot de corps

le pantalon

le jean

le tee-shirt

la jupe

la chemise

la cravate

le short

le collant

la robe

le pull-over

le sweat-shirt

le gilet

l'écharpe

le mouchoir

les tennis

les chaussures

les sandales

les bottes

les gants

les poches

la ceinture

la boucle

la fermeture éclair

le lacet

le bouton

les boutonnières

le manteau

le blouson

la casquette

le chapeau

Les gens

l'acteur

l'actrice

le cuisinier

le danseur

la danseuse

le chanteur

la chanteuse

l'astronaute

le boucher

les agents de police

le menuisier

le pompier

l'artiste

le juge

le mécanicien

la mécanicienne

le coiffeur

le chauffeur de camion

le conducteur d'autobus

le serveur   la serveuse

le facteur

la dentiste

l'homme-grenouille

le peintre

la boulangère

La famille

la tante   l'oncle

le grand-père

le fils
le frère

la fille
la sœur

la mère
la femme

le père
le mari

le cousin

la grand-mère

41

Les actions

sourire

pleurer

penser

écouter

rire

attraper

lancer

casser

peindre

écrire

couper

couper

manger

parler

creuser

porter

boire

faire

sauter

danser

se laver

tricoter

jouer

regarder

grimper

se bagarrer

dormir

prendre

sauter à
la corde

coudre

attendre

faire la cuisine

se cacher

lire

acheter

pousser

balayer

chanter

cueillir

souffler

tirer

tomber

marcher

courir

être assis

Les contraires

bien

mal

loin

près

le haut

le bas

froid

chaud

mouillé

sec

sale

propre

sur

sous

gros

maigre

ouvert

fermé

petit

grand

peu

beaucoup

premier

dernier

à gauche

44

dehors

dedans

facile

difficile

vide

plein

mou

dur

devant

haut

lent

rapide

derrière

bas

long

court

mort

vivant

sombre

clair

en haut

vieux

à droite

neuf

en bas

45

Les jours

lundi

mardi

mercredi

jeudi

vendredi

samedi

dimanche

le calendrier

le matin

le soleil

le soir

la nuit

l'espace

la planète

le vaisseau spatial

la lune

l'étoile

le télescope

Jours de fête

l'anniversaire

la carte d'anniversaire

la bougie

le cadeau

le gâteau d'anniversaire

les vacances

le jour du mariage

l'appareil photo

la demoiselle d'honneur

la mariée   le marié

le photographe

Noël

le renne

le traîneau

le père Noël

le sapin de Noël

47

Le temps

le soleil

les nuages

le ciel

le parapluie

la pluie

l'éclair

le brouillard

la neige

la rosée

le vent

la brume

le givre

l'arc-en-ciel

Les saisons

le printemps

l'été

l'automne

l'hiver

Les animaux familiers

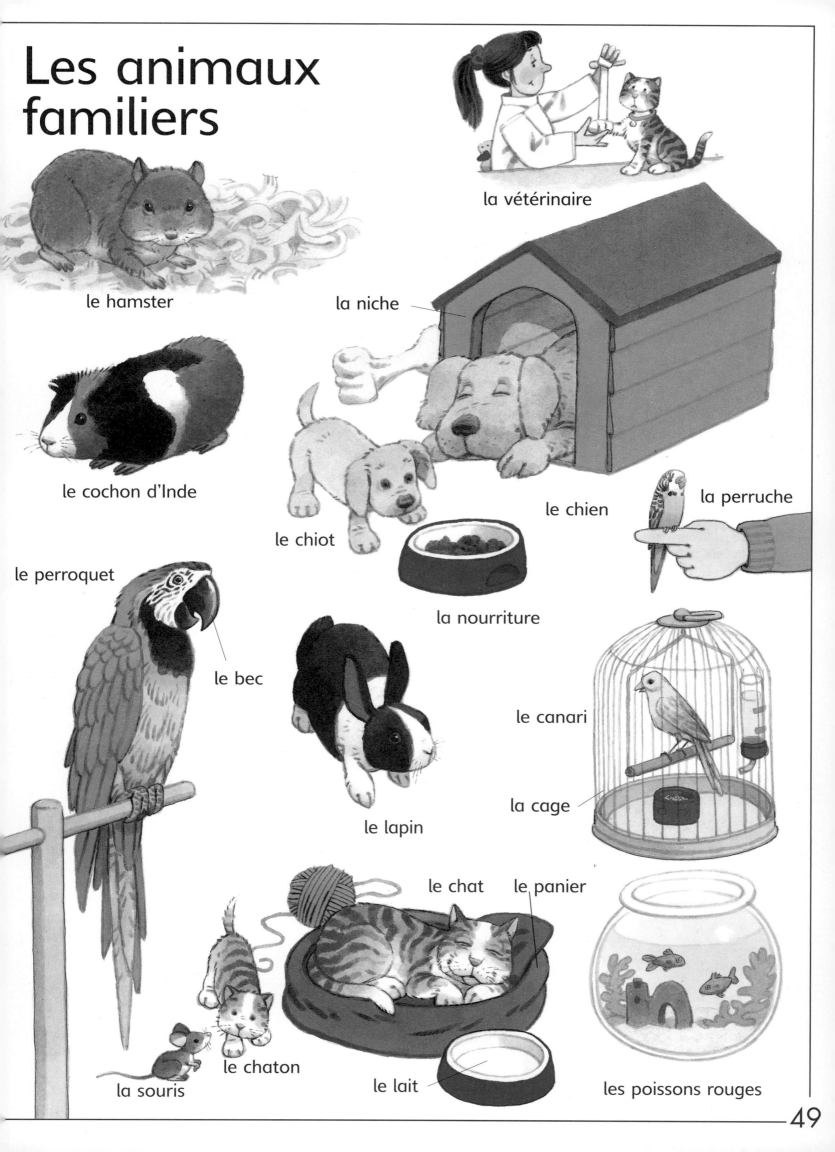

la vétérinaire

le hamster

la niche

le cochon d'Inde

le chiot

le chien

la perruche

le perroquet

le bec

la nourriture

le lapin

le canari

la cage

le chat

le panier

le chaton

la souris

le lait

les poissons rouges

49

Les sports

le basket

l'aviron

la voile

la planche à voile

le surf de neige

la raquette

le tennis

le football américain

la gymnastique

le cricket

le karaté

la batte

la balle

la danse

le base-ball

la canne à pêche

la pêche

l'appât

le rugby

le plongeon

la piscine

la natation

la course

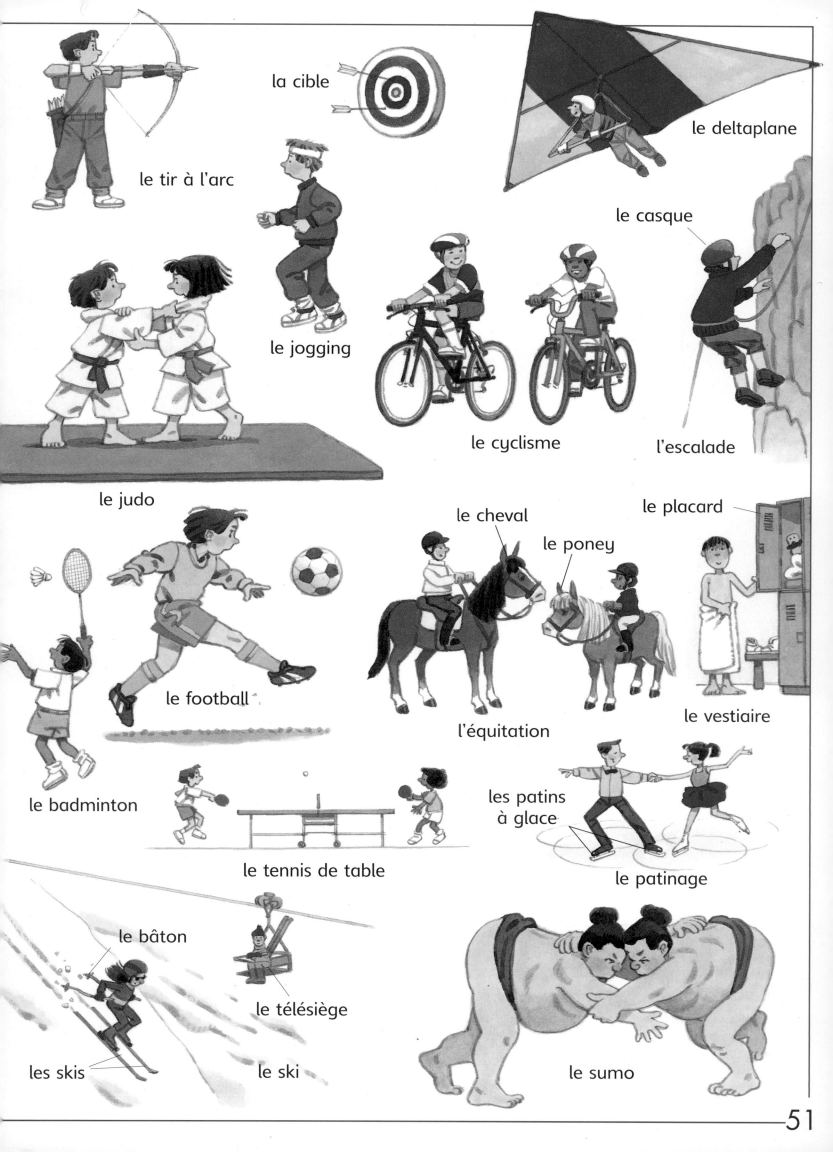

la cible

le deltaplane

le tir à l'arc

le casque

le jogging

le cyclisme

l'escalade

le judo

le cheval

le placard

le poney

le football

le vestiaire

l'équitation

le badminton

les patins à glace

le tennis de table

le patinage

le bâton

le télésiège

les skis

le ski

le sumo

Les couleurs

orange

vert

noir

gris

rouge

marron

rose

violet

jaune

blanc

bleu

Les formes

le rectangle

le cercle

le losange

le cône

l'étoile

le cube

l'ovale

le triangle

le carré

le croissant

Les nombres

1	un	
2	deux	
3	trois	
4	quatre	
5	cinq	
6	six	
7	sept	
8	huit	
9	neuf	
10	dix	
11	onze	
12	douze	
13	treize	
14	quatorze	
15	quinze	
16	seize	
17	dix-sept	
18	dix-huit	
19	dix-neuf	
20	vingt	

53

La fête foraine

le manège

le paillasson

le toboggan géant

la grande roue

le train fantôme

le pop-corn

les anneaux

les montagnes russes

le tir à la carabine

les autos tamponneuses

la barbe à papa

Le cirque

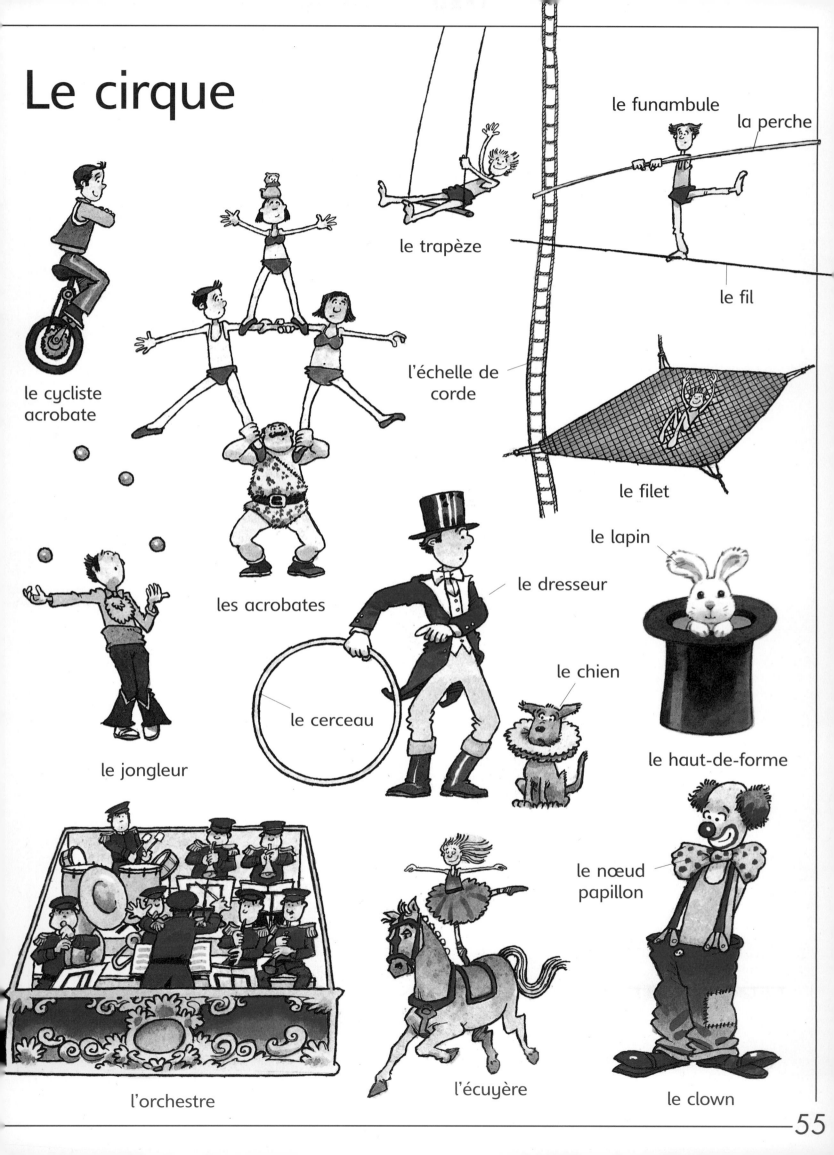

le funambule

la perche

le trapèze

le fil

le cycliste
acrobate

l'échelle de
corde

le filet

le lapin

le dresseur

les acrobates

le chien

le cerceau

le haut-de-forme

le jongleur

le nœud
papillon

l'orchestre

l'écuyère

le clown

55

Word list

In this list, you can find all the French words in this book. They are listed in alphabetical order. Next to each one, you can see its pronunciation (how to say it) in letters *like this*, and then its English translation.

Remember that French nouns (words for things) are either masculine or feminine (see page 3). In the list, each one has **le**, **la**, **l'** or **les** in front of it. These all mean "the". The words with **le** are masculine, those with **la** are feminine.

French nouns that begin with "a", "e", "i", "o" or "u", and many that begin with an "h", have **l'** in front of them. At the end, you will see **(m)** or **(f)** to show if the word is masculine or feminine. Plural nouns (a noun is plural if you are talking about more than one, for example "cats") have **les** in front. These are also followed by **(m)** or **(f)**.

About French pronunciation
Read the pronunciation as if it were an English word, but try to remember the following points about how French words are said:

● the French **j** is said like the "s" in "treasure"

● when you see *(n)* or *(m)* in a pronunciation, you should barely say the "n" or "m"; say the letter that is before it through your nose, as if you had a cold

● the French **r** is made at the back of the throat and sounds a little like gargling

● the French **u** is not like any sound in English. It is a little like a cross between the "ew" of "few" and the "oo" of "food". To say it, round your lips to say "oo", then try to say "ee"; the pronunciations use the letters "ew" to show this sound

A

l'abeille (f)	*labbay*	bee
l'abricot (m)	*labreeko*	apricot
acheter	*a-shuh-tai*	to buy
l'acrobate (m/f)	*la-kro-bat*	acrobat (man/woman)
l'acteur (m)	*lak-ter*	actor
l'action (f)	*lak-see-o(n)*	action
l'actrice (f)	*lak-treess*	actress
l'aéroport (m)	*la-ai-roppor*	airport
l'agent de police (m)	*la-jo(n) duh poleess*	policeman
l'agneau (m)	*lan-yo*	lamb
l'aigle (m)	*laigl*	eagle
l'aile (f)	*lail*	wing
les algues (f)	*lez alg*	seaweed
les allumettes (f)	*lez allewmett*	matches
l'alphabet (m)	*lalfa-bai*	alphabet
l'ambulance (f)	*lo(m)bewla(n)ss*	ambulance
l'ampoule (f)	*lo(m)pool*	bulb (light)
l'animal familier (m)	*lanneemal fammeel-yai*	pet
l'ananas (m)	*la-na-na*	pineapple
l'âne (m)	*lan*	donkey
les anneaux (m)	*lez annaw*	ring toss
l'anniversaire (m)	*lannee-vair-sair*	birthday
l'antenne de télévision (f)	*lo(n)tenn duh tailaiveez-yo(n)*	TV antenna
l'appareil photo (m)	*lappa-ray fotto*	camera
l'appât (m)	*lappa*	bait
l'appentis (m)	*la-po(n)tee*	shed
l'aquarium (m)	*lakwaree-om*	aquarium
l'araignée (f)	*la-renn-yai*	spider
l'arbre (m)	*lar-br*	tree
l'arc (m)	*lar-k*	bow
l'arc-en-ciel (m)	*lar-ko(n)-see-el*	rainbow
l'argent (m)	*lar-jo(n)*	money
l'armoire (f)	*lar-mwar*	armoire
l'arrosoir (m)	*la-rozwar*	watering can
l'artiste (m/f)	*lar-teest*	artist (man/woman)
l'ascenseur (m)	*lasso(n)-ser*	elevator
l'aspirateur (m)	*lass-peera-ter*	vacuum cleaner
l'assiette (f)	*lassee-yet*	plate
l'astronaute (m/f)	*lass-tronnawt*	spaceman/woman
l'atelier (m)	*lattuh-lee-yai*	workshop
attendre	*atto(n)dr*	to wait
attraper	*attra-pai*	to catch
l'autobus (m)	*lotto-bewss*	bus
l'automne (m)	*lo-tonn*	autumn
les autos tamponneuses (f)	*lez otto to(m)ponnerz*	bumper cars
l'autruche (f)	*law-trewsh*	ostrich
l'avion (m)	*lav-yo(n)*	plane
l'aviron (m)	*lav-yro(n)*	rowing

B

le bac à sable	*luh bak-assabl*	sandbox
le badge	*luh badj*	badge
le badminton	*luh bad-meen-ton*	badminton
la bague	*la bag*	ring
les baguettes (f)	*lai baggett*	chopsticks
la baignoire	*la bai-nwar*	bathtub
le balai	*luh ballai*	broom
le balai à franges	*luh ballai-a-fro(n)j*	mop
la balance	*la ballo(n)ss*	scales
la balançoire	*la ballo(n)-swar*	seesaw
les balançoires (f)	*lai ballo(n)-swar*	swings
balayer	*ballai-yai*	to sweep
la baleine	*la ballenn*	whale
la balle	*la bal*	ball (small)
le ballon	*luh ballo(n)*	ball (large), balloon
la banane	*la bannan*	banana
le banc	*luh bo(n)*	bench

la bande	la bon(n)d	bandage
la barbe à papa	la bar-ba pappa	cotton candy
la barque	la bar-rk	rowboat
la barrière	la bar-yair	gate
bas	ba	low
le bas	luh ba	bottom (not top)
le base-ball	luh baiz-boll	baseball
le basket	luh bass-ket	basketball
le bateau	luh battaw	boat
le bateau à voiles	luh battaw a vwal	sailboat
le bateau de pêche	luh battaw duh paish	fishing boat
le bâton	luh batto(n)	stick
le bâton (de ski)	luh batto(n) (duh skee)	ski pole
les bâtons de maquillage (m)	lai batto(n) duh makee-yaj	facepaints
la batte	la bat	bat
la batterie	la bat-ree	battery
la BD	la bai-dai	comic book
beaucoup	baw-koo	many
le bébé	luh baibai	baby
le bec	luh bek	beak
la bêche	la baish	shovel
les béquilles (f)	lai bekee-yuh	crutches
le berger	luh bair-jai	shepherd
la bergère	la bair-jair	shepherdess
le beurre	luh burr	butter
la bicyclette	la bee-seeklett	bicycle
bien	bee-ya(n)	good
les billes (f)	lai bee-yuh	marbles
la billetterie	la bee-yet-uhree	ticket machine
la binette	la beennet	hoe
le biscuit	luh beess-kwee	cookie
le bison	luh beezo(n)	bison
le blaireau	luh blai-raw	badger
blanc	blo(n)	white
bleu	bluh	blue
le blouson	luh bloo-zo(n)	jacket
les bocaux (m)	lai bokkaw	jars
boire	bwar	to drink
le bois	luh bwa	wood
les bois	lai bwa	antlers
la boîte	la bwatt	box
la boîte à outils	la bwa-ta-ootee	toolbox
la boîte de conserve	la bwatt duh ko(n)sairv	can (of food)
la boîte de peinture	la bwatt duh pa(n)tewr	paintbox
le bol	luh bol	bowl
le bonbon	luh bo(n)bo(n)	candy
la botte	la bot	boot (to wear)
la botte de paille	la bot duh pie	straw bale
la bouche	la boosh	mouth
le boucher	luh booshai	butcher (man)
la bouchère	la booshair	butcher (woman)
la boucle	la bookl	buckle
la boue	la boo	mud
la bougie	la boo-jee	candle
la bouilloire	la booy-war	kettle
le boulanger	luh boolo(n)-jai	baker (man)
la boulangère	la boolo(n)-jair	baker (woman)
le boulon	luh boolo(n)	bolt
la bouteille	la boo-tay	bottle
le bouton	luh booto(n)	button
les boutonnières (f)	lai boo-ton-yair	button holes
le bras	luh bra	arm
la brique	la breek	brick
la brosse	la bross	brush
la brosse à cheveux	la brossa-shuh-vuh	hairbrush
la brosse à dents	la brossa-do(n)	toothbrush
la brouette	la broo-ett	wheelbarrow
le brouillard	luh broo-yar	fog
la brume	la brewm	mist
le buisson	luh bwee-so(n)	bush
le bulldozer	luh bewl-daw-zair	bulldozer
le bureau	luh bew-raw	desk

C

French	Pronunciation	English
le caddie	luh kaddee	trolley
le cadeau	luh kaddaw	present (gift)
le café	luh kaffai	café, coffee
la cage	la kaj	cage
le cahier	luh ka-yai	notebook
la caisse	la kess	checkout
le calcul	luh kal-kewl	problems
le calendrier	luh kallo(n)-dree-yai	calendar
le camion	luh kam-yo(n)	truck
le camion de pompiers	luh kam-yo(n) duh po(m)p-yai	fire engine
le camion-citerne	luh kam-yo(n) seetairn	tanker (truck)
la camionnette	la kam-yonnett	van
la campagne	la ko(m)-pan-yuh	countryside
le canal	luh kannal	canal
le canapé	luh kannapai	sofa
le canard	luh kannar	duck
le canari	luh kannaree	canary
le caneton	luh kan-to(n)	duckling
le canif	luh kanneef	penknife
la canne	la kan	walking stick
la canne à pêche	la kanna pesh	fishing rod
le canot à moteur	luh kannaw-a-motter	motorboat
le capot	luk kappo	hood (car)
la caravane	la ka-ra-van	camper
la carotte	ka-rot	carrot
le carré	luh karrai	square
les carreaux (m)	lai karro	tiles
la carte	la kar-t	card, map
la carte d'anniversaire	la kar-t dannee-vair-sair	birthday card
la cascade	la kass-kad	waterfall
le casque	luh kask	helmet
la casquette	la kass-ket	cap
casser	kassai	to break
la casserole	la kass-rol	saucepan
la cassette	la kassett	cassette
la cassette vidéo	la kassett veedai-o	video (cassette)
le castor	luh kass-tor	beaver
le CD	luh sai-dai	CD (compact disc)
la ceinture	la sa(n)tewr	belt
le céleri	luh sell-ree	celery
le cerceau	luh sair-saw	hoop
le cercle	luh sairkl	circle
les céréales (f)	lai sai-rai-al	cereal
le cerf	luh sair	deer
le cerf-volant	luh sair vollo(n)	kite
la cerise	la suh-reez	cherry
la chaise	la shaiz	chair
la chambre	la sho(m)br	bedroom
le champ	luh sho(m)	field
le champignon	luh sho(m)peen-yo(n)	mushroom

57

chanter	sho(n)tai	to sing
le chanteur	luh sho(n)-ter	singer (man)
la chanteuse	la sho(n)-terz	singer (woman)
le chapeau	luh shappo	hat
le chapeau de paille	luh shappo duh pie	straw hat
la charrette	la sharrett	cart
la charrue	la sharrew	plow
le chat	luh sha	cat
le château de sable	luh shatto duh sabl	sandcastle
le château fort	luh shatto for	castle
le chaton	luh shatto(n)	kitten
chaud	shaw	hot
le chauffeur de camion	luh shoffer duh kam-yo(n)	truck driver (man/ woman)
la chaussette	la shossett	sock
la chaussure	la shossewr	shoe
la chauve-souris	la shawv-sooree	bat
le chemin	luh shuh-ma(n)	path, lane
la cheminée	la shuh-meenai	chimney
la chemise	la shuh-meez	shirt
la chemise de nuit	la shuh-meez duh nwee	nightgown
la chenille	la shuh-nee-yuh	caterpillar
le cheval	luh shuh-val	horse
le cheval à bascule	luh shuh-val a baskewl	rocking horse
les cheveux (m)	lai shuh-vuh	hair
la chèvre	la shaivr	goat
le chien	luh shee-a(n)	dog
le chien de berger	luh shee-a(n) duh bair-jai	sheepdog
le chiffon	luh shee-fo(n)	dust cloth
le chiot	shee-o	puppy
les chips (f)	lai sheeps	chips
le chocolat	luh sho-ko-la	chocolate
le chocolat chaud	luh sho-ko-la shaw	hot chocolate
le chou	luh shoo	cabbage
le chou-fleur	luh shoo-fler	cauliflower
la cible	la seebl	target
le ciel	luh see-ell	sky
le cinéma	luh seenaima	movie theater
cinq	sank	five
le cirque	luh seerk	circus
les ciseaux (m)	lai seezaw	scissors
le citron	luh seetro(n)	lemon
la citrouille	la seetroo-yuh	pumpkin
clair	klair	light (not dark)
la clé	la klai	key
la clef	la klai	wrench
la clémentine	la klemmo(n)-teen	tangerine
la clôture	la klaw-tewr	fence
le clown	luh kloon	clown
le clou	luh kloo	nail
la coccinelle	la kok-see-nell	ladybug
le cochon	luh ko-sho(n)	pig
le cochon d'Inde	luh ko-sho(n) da(n)d	guinea pig
le coffre	luh kofr	trunk (of car)
le coiffeur	luh kwa-fer	barber
la coiffeuse	la kwa-ferz	hair stylist (woman)
le collant	luh ko-lo(n)	tights
la colle	la kol	glue
le collier	luh kol-yai	necklace
la colline	la kolleen	hill
la commode	la ko-mod	chest of drawers
le comprimé	luh ko(m)pree-mai	pill
le concombre	luh ko(n)-ko(m)br	cucumber
le conducteur d'autobus	luh ko(n)-dewkter daw-taw-bewss	bus driver (man)
la conductrice d'autobus	la ko(n)-dewktreess daw-taw-bewss	bus driver (woman)

le cône	luh kawn	cone
la confiture	la ko(n)fee-tewr	jam
le contraire	luh ko(n)trair	opposite
le contrôleur	luh ko(n)traw-ler	conductor (man)
la contrôleuse	la ko(n)traw-lerz	conductor (woman)
les copeaux (m)	lai koppaw	(wood) shavings
le coq	luh kok	rooster
le coquillage	luh ko-kee-yaj	shell
la corbeille à papier	la kor-bay a pap-yai	wastepaper basket
la corde	la kord	rope
la corde à sauter	la kord-a-sawtai	jump rope
le coton	luh ko-to(n)	cotton
le cou	luh koo	neck
la couche	la koosh	diaper
le coude	luh kood	elbow
coudre	koodr	to sew
la couette	la koo-ett	comforter
la couleur	la koo-ler	color
couper	koo-pai	to cut, to chop
la cour de récréation	la koor duh rekrai-ass-yo(n)	playground
courir	kooreer	to run
la course	la koorss	race
court	koor	short
le cousin	luh kooza(n)	cousin (boy)
la cousine	la koozeen	cousin (girl)
le coussin	luh koo-sa(n)	cushion
le couteau	luh koo-taw	knife
le crabe	luh krab	crab
la craie	la krai	chalk
le crapaud	luh kra-paw	toad
la cravate	la kra-vat	tie
le crayon	luh krai-yo(n)	pencil
les crayons cire (m)	lai krai-yo(n) seer	crayons
la crème	la krem	cream
la crêpe	la kraip	pancake
creuser	kruh-zai	to dig
le cricket	luh kree-ket	cricket (sport)
le crocodile	luh kro-ko-deel	crocodile
le croissant	luh krwa-so(n)	crescent
le cube	luh kewb	cube
les cubes (m)	lai kewb	blocks
cueillir	kuh-yeer	to pick
la cuillère en bois	la kwee-yair o(n) bwa	wooden spoon
la cuisine	la kwee-zeen	kitchen
le cuisinier	luh kwee-zeen-yai	cook (man)
la cuisinière	la kwee-zeen-yair	stove, cook (woman)
le cyclisme	luh see-kleessm	cycling
le/la cycliste acrobate	luh/la see-kleest akro-bat	unicyclist (man/ woman)
le cygne	luh seen-yuh	swan

D

la dame	la dam	woman, lady
la danse	la do(n)ss	dance
danser	do(n)sai	to dance
le danseur	luh do(n)-ser	dancer (man)
la danseuse	la do(n)-serz	dancer (woman)
le dauphin	luh daw-fa(n)	dolphin
dedans	duhdo(n)	in, inside
les déguisements (m)	lai dai-guee-zuh-mo(n)	costume
dehors	duh-or	out, outside
le déjeuner	dai-juh-nai	lunch (lunchtime meal)
le deltaplane	delta-plan	hang gliding

la demoiselle d'honneur	la duh-mwa-zel do-ner	bridesmaid
le dentifrice	luh do(n)tee-freess	toothpaste
le/la dentiste	luh/la do(n)teest	dentist (man/woman)
la dent	la do(n)	tooth
la dépanneuse	la depannerz	tow truck
le déplantoir	luh deplo(n)-twar	trowel
dernier	dairn-yai	last
derrière	dair-yair	behind
le derrière	luh dair-yair	bottom (of body)
les dés (m)	lai dai	dice
la descente de lit	la desso(n)t duh lee	rug
le dessert	luh dessair	dessert
le dessin	luh dessa(n)	drawing
deux	duh	two
devant	duhvo(n)	in front of
difficile	dee-fee-seel	difficult
dimanche	dee-mo(n)sh	Sunday
le dindon	luh da(n)-do(n)	turkey
le dîner	luh deenai	dinner (evening meal)
dix	deess	ten
dix-huit	deez-weet	eighteen
dix-neuf	deez-nerf	nineteen
dix-sept	deesset	seventeen
le docteur	luh dokter	doctor
le doigt	luh dwa	finger
le doigt de pied	luh dwa duh p-yai	toe
dormir	dor-meer	to sleep
le dos	luh daw	back (of body)
la douche	la doosh	shower
douze	dooz	twelve
le drap	luh dra	sheet
le drapeau	luh dra-paw	flag
le dresseur	luh dress-er	ring master
à droite	a drwat	(on/to the) right
le dromadaire	luh dromma-dair	camel
dur	dewr	hard

E

l'eau (f)	law	water
l'écharpe (f)	laisharp	scarf
l'échelle (f)	laishell	ladder
l'échelle de corde (f)	laishell duh kord	rope ladder
l'éclair (m)	lai-klair	lightning
l'écluse (f)	lai-klewz	lock (on canal)
l'école (f)	lai-koll	school
écouter	aikootai	to listen
écrire	aikreer	to write
l'écrou (m)	laikroo	nut (nuts and bolts)
l'écureuil (m)	laikew-ruh-yuh	squirrel
l'écurie (f)	laikew-ree	stable
l'écuyer (m)	laikweeyai	(bareback) rider (man)
l'écuyère (f)	laikweeyair	(bareback) rider (woman)
l'éléphant (m)	lailaifo(n)	elephant
en bas	o(n) ba	downstairs
l'enfant (m/f)	lo(n)fo(n)	child
en haut	o(n)-aw	upstairs
l'entrée (f)	lo(n)trai	hall
l'éolienne (f)	lai-ol-yen	windmill
l'épaule (f)	lai-pawl	shoulder
les épinards (m)	lez aipeenar	spinach
l'éponge (f)	laipo(n)j	sponge
l'épouvantail (m)	laipoo-vo(n)-tie	scarecrow
l'équitation (f)	laikeetass-yo(n)	riding

l'escalade (f)	leska-lad	climbing
l'escalier (m)	leskal-yai	stairs, staircase
l'escargot (m)	leskar-gaw	snail
l'espace (m)	lespass	space
l'essence (f)	lesso(n)ss	gasoline
l'étable (f)	laita-bl	cowshed
l'établi (m)	laita-blee	workbench
l'étau (m)	lettaw	vice
l'été (m)	lettai	summer
l'étoile (f)	letwal	star
l'étoile de mer (f)	letwal duh mair	starfish
être assis	aitr assee	to sit
l'évier (m)	lev-yai	sink

F

facile	fa-seel	easy
le facteur	luh fakter	mail carrier (man)
la factrice	la faktreess	mail carrier (woman)
faire	fair	to make
faire la cuisine	fair la kwee-zeen	to cook
la falaise	la fa-laiz	cliff
la famille	la fa-mee-yuh	family
la farine	la fa-reen	flour
le fauteuil roulant	luh fawtuh-yuh roolo(n)	wheelchair
la femme	la fam	woman, wife
la fenêtre	la fuh-naitr	window
le fer à repasser	luh faira-ruhpassai	iron
la ferme	la fairm	farm, farmhouse
fermé	fairmai	closed
la fermeture éclair	la fairmuh-tewr eklair	zipper
le fermier	luh fairm-yai	farmer (man)
la fermière	la fairm-yair	farmer (woman)
la fête	la fait	party
la fête foraine	la fait forain	fair, fairground
le feu	luh fuh	fire
le feu de signalisation	luh fuh duh seen-ya-leezasseeo(n)	traffic lights
la feuille	la fer-yuh	leaf
les feutres (m)	lai fuhtr	felt-tip pens
les feux d'artifice (m)	lai fuh da-rteefeess	fireworks
les feux de signalisation (m)	lai fuh duh seen-ya-leezasseeo(n)	signals (railway)
la ficelle	la fee-sell	string
la figure	la fee-gewr	face
le fil	luh feel	tightrope, thread
le filet	luh fee-lai	net
la fille	la fee-yuh	girl, daughter
le fils	luh feess	son
la flaque d'eau	la flak daw	puddle
la flèche	la flesh	arrow
la fleur	la fler	flower
la flûte	la flewt	flute
le foin	luh fwa(n)	hay
le football	luh foot-bol	soccer
le football américain	luh foot-bol a-maireeka(n)	American football
la forêt	la forrai	forest
la forme	la form	shape
la fourche	la foorsh	pitchfork
la fourchette	la foorshett	fork
la fraise	la fraiz	strawberry
la framboise	la fro(m)-bwaz	raspberry
le frère	luh frair	brother
les frites (f)	lai freet	fries
froid	frwa	cold
le fromage	luh frommaj	cheese
le fruit	luh frwee	fruit

la fumée	*la few-mai*	smoke
le/la funambule	*luh/la few-no(m)-bewl*	tightrope walker (man/woman)
la fusée	*la few-zai*	rocket
le fusil	*luh fewzee*	gun

G

le galet	*luh gallai*	pebble
le gant	*luh gu(n)*	glove
le garage	*luh ga-raj*	garage
le garçon	*luh gar-so(n)*	boy
la gare	*la gar*	station
le gâteau	*luh ga-taw*	cake
le gâteau d'anniversaire	*luh ga-taw dannee-vair-sair*	birthday cake
à gauche	*a gawsh*	(on/to) the left
le genou	*luh juh-noo*	knee
les gens (m/f)	*lai jo(n)*	people
le gilet	*luh jee-lai*	cardigan
la girafe	*la jee-raf*	giraffe
le givre	*luh jeevr*	frost
la glace	*la glahss*	ice cream
la gomme	*la gom*	eraser
le gorille	*luh goree-yuh*	gorilla
la graine	*la grenn*	seed
grand	*gro(n)*	big
la grand-mère	*la gro(n)-mair*	grandmother
le grand-père	*luh gro(n) pair*	grandfather
la grande roue	*la gro(n)d roo*	Ferris wheel
la grange	*la gro(n)j*	barn
le grenier	*luh gruhn-yai*	attic
la grenouille	*la gruh-noo-yuh*	frog
grimper	*gra(m)pai*	to climb
gris	*gree*	grey
gros	*graw*	fat
la grue	*la grew*	crane
la guêpe	*la gaip*	wasp
la guirlande	*la geer-lo(n)d*	paper chains
la guitare	*la gee-tarr*	guitar
la gymnastique	*la jeem-nasteek*	gym

H

la hache	*la ash*	axe
la haie	*la ai*	hedge
le hamburger	*luh a(m)boor-ger*	hamburger
le hamster	*luh am-stair*	hamster
le haricot	*luh aree-kaw*	bean
l'harmonica (m)	*larmoneeka*	harmonica
haut	*aw*	high
le haut	*luh aw*	top
le haut-de-forme	*luh aw duh form*	top hat
l'hélicoptère (m)	*lellee-koptair*	helicopter
l'herbe (f)	*lairb*	grass
le hérisson	*luh airee-so(n)*	hedgehog
le hibou	*luh eeboo*	owl
l'hippopotame (m)	*leepo-pottam*	hippopotamus
l'hiver (m)	*lee-vair*	winter
l'homme-grenouille (m)	*lom gruhnoo-yuh*	frogman
l'hôpital (m)	*law-peetal*	hospital
l'hôtel (m)	*law-tell*	hotel
l'hôtesse de l'air (f)	*lawtess duh lair*	flight attendant
l'huile (f)	*lweel*	oil
huit	*weet*	eight

I

l'île (f)	*leel*	island
l'immeuble (m)	*lee-merbl*	apartment building
l'infirmier (m)	*la(n)feerm-yai*	nurse (man)
l'infirmière (f)	*la(n)feerm-yair*	nurse (woman)
l'instituteur (m)	*la(n)stee-tewter*	teacher (man)
l'institutrice (f)	*la(n)stee-tewtreess*	teacher (woman)
l'interrupteur (m)	*la(n)terrewp-ter*	switch

J

la jambe	*la jo(m)b*	leg
le jambon	*luh jo(m)bo(n)*	ham
le jardin	*luh jarda(n)*	garden
le jardin public	*luh jarda(n) pewbleek*	park
jaune	*jawn*	yellow
le jean	*luh djeen*	jeans
jeudi	*juhdee*	Thursday
le jogging	*luh djogeeng*	jogging
le jongleur	*luh jo(n)gl-er*	juggler (man)
la jongleuse	*la jo(n)glerz*	juggler (woman)
la joue	*la joo*	cheek
jouer	*joo-ai*	to play
le jouet	*luh joo-ai*	toy
le journal	*luh joor-nal*	newspaper
le jour	*le joor*	day
le jour de fête	*luh joor duh fait*	(public) holiday, festival
le jour du mariage	*luh joor dew marree-aj*	wedding day
le judo	*luh jew-daw*	judo
le juge	*luh jewj*	judge (man/woman)
la jupe	*la jewp*	skirt
le jus de fruits	*luh jew duh frwee*	fruit juice

K

le kangourou	*luh ko(n)-gooroo*	kangaroo
le karaté	*luh karatai*	karate
le kayak	*luh kayak*	kayak
le ketchup	*luh ketchup*	ketchup

L

le lac	*luh lak*	lake
le lacet	*luh lassai*	shoelace
la laisse	*la less*	lead
le lait	*luh lai*	milk
la laitue	*la laitew*	lettuce
le lampadaire	*luh lo(m)pa-dair*	street light
la lampe	*la lo(m)p*	lamp
lancer	*lo(n)sai*	to throw
le landau	*luh lo(n)daw*	baby buggy
la langue	*la lo(n)g*	tongue
le lapin	*luh la-pa(n)*	rabbit
le lavabo	*luh la-vabbaw*	sink
le lavage-auto	*luh la-vaj-otto*	car wash
le lave-linge	*luh lav-la(n)j*	washing machine
le légume	*luh legewm*	vegetable
lent	*lo(n)*	slow
le léopard	*luh lai-opar*	leopard
la lettre	*la letr*	letter
la lèvre	*la laivr*	lip
le lézard	*luh lezar*	lizard
la lime	*la leem*	file

le lion	*luh lee-o(n)*	lion
le lionceau	*luh lee-o(n)saw*	lion cub
lire	*leer*	to read
le lit	*luh lee*	bed
le livre	*luh leevr*	book
la locomotive	*la lo-ko-moteev*	(train) engine
loin	*lwa(n)*	far
long	*lo(n)*	long
le losange	*luh lo-zo(n)j*	diamond
le loup	*luh loo*	wolf
lundi	*lu(n)dee*	Monday
la lune	*la lewn*	moon

M

le magasin	*luh magga-za(n)*	shop
le magasin de jouets	*luh magga-za(n) duh joo-ai*	toyshop
maigre	*maigr*	thin
le maillot de bain	*luh ma-yo duh ba(n)*	swimsuit
le maillot de corps	*luh ma-yo duh kor*	undershirt
la main	*la ma(n)*	hand
la maison	*la mai-zo(n)*	house
la maison de poupée	*la mai-zo(n) duh poopai*	doll's house
mal	*mal*	bad
le manchot	*luh mo(n)-shaw*	penguin
le manège	*luh man-aij*	merry-go-round
manger	*mo(n)jai*	to eat
le manteau	*luh mo(n)taw*	coat
la mappemonde	*la map-mo(n)d*	globe
le marché	*luh mar-shai*	market
marcher	*mar-shai*	to walk
la marche	*la ma-rsh*	step
la mare	*la mar*	pond
mardi	*mar-dee*	Tuesday
le mari	*luh ma-ree*	husband
le marié	*luh ma-ree-ai*	bridegroom
la mariée	*la ma-ree-ai*	bride
le marin	*luh ma-ra(n)*	sailor
la marionnette	*la ma-ree-onett*	puppet
marron	*ma-ro(n)*	brown
le marteau	*luh ma-rtaw*	hammer
le marteau piqueur	*luh ma-rtaw pee-ker*	drill
le masque	*luh ma-sk*	mask
le matin	*luh ma-ta(n)*	morning
le mécanicien	*luh mekka-neess-ya(n)*	mechanic, train driver (man)
la mécanicienne	*la mekka-neess-yen*	mechanic, train driver (woman)
le médicament	*luh meddee-kahmo(n)*	medicine
le melon	*luh muhlo(n)*	melon
le menton	*luh mo(n)to(n)*	chin
le menuisier	*luh muhn-weez-yai*	carpenter
la mer	*la mair*	sea
mercredi	*mair-kruh-dee*	Wednesday
la mère	*la mair*	mother
le mètre	*luh maitr*	tape measure
la meule de foin	*la merl duh fwa(n)*	haystack
le miel	*luh mee-ell*	honey
le miroir	*luh meer-wahr*	mirror
moi	*mwa*	me
le monsieur	*luh muhss-yuh*	man
la montagne	*la mo(n)-tan-yuh*	mountain
les montagnes russes (f)	*lai mo(n)-tan-yuh rewss*	roller coaster
la montgolfière	*la mo(n)golf-yair*	hot-air balloon
la montre	*la mo(n)tr*	watch
la moquette	*la mo-kett*	carpet
le morceau de bois	*luh mor-saw duh bwa*	wood

mort	*mor*	dead
le moteur	*maw-ter*	engine
la moto	*la mawtaw*	motorcycle
mou	*moo*	soft
la mouche	*la moosh*	fly
le mouchoir	*luh moosh-wahr*	handkerchief
le mouchoir en papier	*luh moosh-wahr o(n) pap-yai*	tissue
mouillé	*moo-yai*	wet
la mouette	*la moo-ett*	seagull
le mouton	*luh moo-to(n)*	sheep
le mur	*luh mewr*	wall

N

la nappe	*la nap*	tablecloth
la natation	*la na-tass-yo(n)*	swimming
le navire	*luh na-veer*	ship
la neige	*la naij*	snow
neuf	*nerf*	new, nine
le nez	*luh nai*	nose
la niche	*la neesh*	kennel
le nid	*luh nee*	nest
Noël	*no-ell*	Christmas
le nœud papillon	*luh nuh papee-yo(n)*	bow tie
noir	*nwar*	black
le nombre	*luh no(m)br*	number
la nourriture	*la nooree-tewr*	food
le nuage	*luh new-aj*	cloud
la nuit	*la nwee*	night

O

l'œil (m)	*ler-yuh*	eye
l'œuf (m)	*lerf*	egg
l'œuf à la coque (m)	*lerf-alla-kok*	boiled egg
l'œuf au plat (m)	*lerf-awpla*	fried egg
l'oie (f)	*lwa*	goose
l'oignon (m)	*lonn-yo(n)*	onion
l'oiseau (m)	*lwa-zaw*	bird
l'omelette (f)	*lom-let*	omelette
l'oncle (m)	*lo(n)kl*	uncle
onze	*o(n)z*	eleven
orange	*oro(n)j*	orange (color)
l'orange (f)	*oro(n)j*	orange (fruit)
l'orchestre (m)	*lor-kestr*	orchestra
l'ordinateur (m)	*lordee-na-ter*	computer
les ordures (f)	*lez ordewr*	garbage
l'oreille (f)	*lo-ray*	ear
l'oreiller (m)	*lorai-yai*	pillow
l'os (m)	*loss*	bone
l'ours (m)	*loorss*	bear
l'ours blanc (m)	*loorss blo(n)*	polar bear
l'ours en peluche (m)	*loorss o(n) plewsh*	teddy bear
ouvert	*oovair*	open
l'ovale (m)	*lo-val*	oval

P

la pagaie	*la paggai*	paddle
la paille	*la pie*	(drinking) straw
le pain	*luh pa(n)*	bread
le pain grillé	*luh pa(n) gree-yai*	toast
le paillasson	*luh pie-ya-so(n)*	mat
la palissade	*la pallee-sad*	fence
les palmes (f)	*lai palm*	flippers
le pamplemousse	*luh po(m)pl-mooss*	grapefruit

French	Pronunciation	English
le panda	luh po(n)-da	panda
le panier	luh pan-yai	basket
le pansement	luh po(n)s-mo(n)	bandage
le pantalon	luh po(n)-ta-lo(n)	pants
la pantoufle	lai po(n)toofl	slipper
le papier	luh pap-yai	paper
le papier de verre	luh pap-yai duh vair	sandpaper
le papier hygiénique	luh pap-yai ee-jyaineek	toilet paper
le papillon	luh pa-pee-yo(n)	butterfly
le papillon de nuit	luh pa-pee-yo(n) duh nwee	moth
le paquet de lessive	luh pa-kai duh lesseev	laundry detergent
le parachute	luh pa-ra-shewt	parachute
le parapluie	luh pa-ra-plwee	umbrella
le parasol	luh pa-ra-sol	beach umbrella
parler	pa-rlai	to talk
le passage pour piétons	luh pa-saj poor pee-ai-to(n)	crosswalk
la pâte à modeler	la pat a mo-duh-lai	playdough
le patinage	luh pa-tee-nahj	ice skating
le patin à glace	luh pa-ta(n) a glas	ice skate
la patte	la pat	paw
la pêche	la paish	fishing
le pêcheur	luh pesh-er	fisherman
le peigne	luh penn-yuh	comb
peindre	pa(n)dr	to paint
le peintre	luh pa(n)tr	painter
le pélican	luh pelleeko(n)	pelican
la pelle	la pell	shovel
la pelle à ordures	la pell a ordewr	dustpan
la pendule	la po(n)dewl	clock
la péniche	la penneesh	barge
penser	po(n)sai	to think
la perceuse	la pair-suhz	drill
la perche	la pairsh	pole
le père	luh pair	father
le père Noël	luh pair no-ell	Santa Claus
la perle	la perl	bead
le perroquet	luh perrokai	parrot
la perruche	la perrewsh	parakeet
petit	puh-tee	small
le petit déjeuner	luh puh-tee dai-juh-nai	breakfast
la petite cuillère	la puh-teet kwee-yair	teaspoon
le petit cochon	luh puhtee kosho(n)	piglet
le petit pain	luh puhtee pa(n)	bread roll
les petits pois (m)	lai puh-tee pwa	peas
le pétrolier	luh petrol-yai	oil tanker (ship)
peu	puh	few
le phare	luh fahr	lighthouse
les phares (m)	lai fahr	headlights
le phoque	luh fok	seal
la photo	la fottaw	photograph
le/la photographe	luh/la fottaw-graf	photographer (man/woman)
le piano	luh pee-anno	piano
le pied	luh pee-ai	foot
la pierre	la pee-air	stone
le pigeon	luh pee-jo(n)	pigeon
le pilote	luh pee-lot	pilot
le pinceau	luh pa(n)-saw	paintbrush
le pique-nique	luh peek-neek	picnic
la piscine	la pee-seen	swimming pool
la piste	la peest	runway
la pizza	la peetza	pizza
le placard	luh pla-kahr	closet
le plafond	luh pla-fo(n)	ceiling
la plage	la plaj	beach
la planche	la plo(n)sh	plank
la planche à repasser	la plo(n)sh a ruh-passai	ironing board
la planche à roulettes	la plo(n)sh a roollett	skateboard
la planche à voile	la plo(n)sh a vwal	windsurfing
le plancher	luh plo(n)shai	floor
la planète	la pla-net	planet
la plante	la plo(n)t	plant
le plateau	luh pla-taw	tray
la plate-bande	la platt-bo(n)d	flower bed
le plâtre	luh platr	cast
plein	pla(n)	full
pleurer	pluh-rai	to cry
le plongeon	luh plo(n)-jo(n)	diving
la pluie	la plwee	rain
la plume	la plewm	feather
le pneu	luh p-nuh	tire
la poche	la posh	pocket
la poêle	la pwal	frying pan
la poignée	la pwan-yai	door handle
la poire	la pwar	pear
le poireau	luh pwa-ro	leek
le poisson	luh pwa-so(n)	fish
le poisson rouge	luh pwa-so(n) rooj	goldfish
la poitrine	la pwa-treen	chest (body)
le poivre	luh pwavr	pepper
la pomme	la pom	apple
la pomme de terre	la pom duh tair	potato
la pompe à essence	la po(m)pa esso(n)ss	gas pump
le pompier	luh po(m)p-yai	fireman
le poney	luh ponnai	pony
le pont	luh po(n)	bridge
le pop-corn	luh pop-korn	popcorn
la porcherie	la por-shuh-ree	pigsty
la porte	la port	door
le portemanteau	luh port-mo(n)taw	peg (for clothes)
le porte-monnaie	luh port monnai	purse
porter	portai	to carry
le poster	luh poss-tair	poster
le pot de peinture	luh po duh pa(n)tewr	paint can
le poteau indicateur	luh po-taw a(n)deeka-ter	signpost
le pot	luh po	jar
la poubelle	la poobell	trash can
le pouce	luh pooss	thumb
le poulailler	luh poo-lie-yai	hen house
la poule	la pool	hen
le poulet	luh poollai	chicken
la poupée	la poo-pai	doll
pousser	poossai	to push
la poussette	la poossett	stroller
le poussin	luh poossa(n)	chick
premier	pruhm-yai	first
prendre	pro(n)dr	to take
près	prai	near
le printemps	luh pra(n)-to(m)	spring (season)
propre	propr	clean
la prune	la prewn	plum
le pull-over	luh pewllo-vair	sweater
la punaise	la pewnaiz	thumb tack
la purée	la pew-rai	mashed potatoes
le puzzle	luh puhzl	jigsaw
le pyjama	luh pee-jamma	pajamas

Q

French	Pronunciation	English
le quai	luh kai	platform
quatorze	ka-torz	fourteen
quatre	katr	four
la queue	la kuh	tail
quinze	ka(n)z	fifteen

R

French	Pronunciation	English
le rabot	luh ra-bo	(wood) plane
le radiateur	luh rad-yat-er	radiator
la radio	la rad-yo	radio
les rails (m)	lai rye	train track
le raisìn	luh raiza(n)	grapes
la rame	la ram	oar
ramper	ro(m)pai	to crawl
rapide	ra-peed	fast
la raquette	la ra-ket	racket
le râteau	luh ra-to	rake
le rectangle	luh rek-to(n)gl	rectangle
le réfrigérateur	luh rai-free-jaira-ter	refrigerator
regarder	ruh-ga-rdai	to watch, to look
la règle	la raigl	ruler
la remorque	la ruh-mork	trailer
le renard	luh ruh-nar	fox
le renardeau	luh ruh-nar-do	fox cub
le renne	luh renn	reindeer
le requin	luh ruh-ka(n)	shark
le rhinocéros	luh reenno-saiross	rhinoceros
le rideau	luh ree-do	curtain
rire	reer	to laugh
la rivière	la reev-yair	river
le riz	luh ree	rice
la robe	la rob	dress
la robe de chambre	la rob duh sho(m)br	bathrobe
le robinet	luh robbee-nai	faucet
le robot	luh robbo	robot
le rocher	luh ro-shai	rock
les rollers (m)	lai rollair	roller blades
le rondin	luh ro(n)da(n)	log
rose	roz	pink
la rosée	la ro-zai	dew
la roue	la roo	wheel
rouge	rooj	red
le rouleau compresseur	luh roo-lo ko(m)press-er	steamroller
la route	la root	road
le ruban	luh rewbo(n)	ribbon
la ruche	la rewsh	beehive
la rue	la rew	street
le rugby	luh rewg-bee	rugby
le ruisseau	luh rwee-saw	stream

S

French	Pronunciation	English
le sable	luh sabl	sand
le sac	luh sak	sack, carrier bag
le sac à dos	luh sakka-daw	backpack
le sac à main	luh sakka-ma(n)	purse
la saison	la saizo(n)	season
la salade	la sa-lad	lettuce, salad
sale	sal	dirty
la salle d'attente	la sal da-to(n)t	waiting room
la salle de bains	la sal duh ba(n)	bathroom
le salon	luh sa-lo(n)	living room
samedi	sam-dee	Saturday
la sandale	la so(n)-dal	sandal
le sandwich	luh so(n)d-weech	sandwich
le sapin de Noël	luh sa-pa(n) duh no-ell	Christmas tree
la saucisse	la saw-seess	sausage
le saucisson	luh saw-see-so(n)	salami
sauter	saw-tai	to jump
sauter à la corde	saw-tai alla kord	to skip
le savon	luh sah-vo(n)	soap
la scie	la see	saw
la sciure	la see-ewr	sawdust
le seau	luh saw	bucket
se bagarrer	suh ba-garrai	to fight

French	Pronunciation	English
sec	sek	dry
se cacher	suh ka-shai	to hide
seize	saiz	sixteen
le sel	luh sell	salt
se laver	suh la-vai	to wash
la selle	la sell	saddle
sept	sett	seven
la seringue	la suh-ra(n)g	syringe
le serpent	luh sair-po(n)	snake
la serre	la sair	greenhouse
le serveur	luh sairv-er	waiter
la serveuse	la sair-verz	waitress
la serviette	la sairv-yet	towel
le short	luh shorrt	shorts
le sifflet	luh see-flai	whistle
le singe	luh sa(n)j	monkey
six	seess	six
le ski	luh skee	ski, skiing
le ski nautique	luh skee nawteek	water skiing
le slip	luh sleep	underwear
la sœur	la ser	sister
le soir	luh swar	evening
le soldat de plomb	luh sol-da duh plo(m)	tin soldier
le soleil	luh so-lay	sun
sombre	so(m)br	dark
la soucoupe	la soo-koop	saucer
souffler	soo-flai	to blow
la soupe	la soop	soup
le sourcil	luh soor-see	eyebrow
sourire	sooreer	to smile
la souris	la soo-ree	mouse
sous	soo	under
le sous-marin	luh soo-ma-ra(n)	submarine
les spaghetti (m)	lai spa-gettee	spaghetti
le sport	luh spor	sport
le steward	luh stew-ard	flight attendant
le store	luh stor	(window) blind
le stylo à encre	luh stee-lo a o(n)kr	fountain pen
le sucre	luh sewkr	sugar
le sumo	luh sewmo	sumo wrestling
sur	sewr	over
le surf de neige	luh suhrf duh naij	snowboarding
le sweat-shirt	luh sweat-shirrt	sweatshirt

T

French	Pronunciation	English
la table	la tabl	table
le tableau	luh ta-blaw	board
le tableau noir	luh ta-blaw nwar	blackboard
le tablier	luh ta-blee-ai	apron
le tabouret	luh ta-boo-rai	stool
le tambour	luh to(m)-boor	drum
les tampons (m)	lai to(m)-po(n)	buffers
la tante	la to(n)t	aunt
la tasse	la tass	cup
la taupe	la tawp	mole
le taureau	luh taw-raw	bull
le taxi	luh ta-xee	taxi
le tee-shirt	luh tee-shirrt	T-shirt
le téléphone	luh tellai-fon	telephone
le télescope	luh tellai-skop	telescope
le télésiège	luh tellaiss-yaij	chairlift
la télévision	la tellai-veez-yo(n)	television
le temps	luh to(m)	weather
le tennis	luh tenneess	tennis
les tennis	lai tenneess	sneakers
le tennis de table	luh tenneess duh tabl	table tennis
la tente	la to(n)t	aunt
la terre	la tair	dirt

le têtard	*luh tai-tar*	tadpole
la tête	*la tait*	head
le thé	*luh tai*	tea
le thermomètre	*luh tair-mo-maitr*	thermometer
le tigre	*luh teegr*	tiger
le tir à la carabine	*luh teer alla ka-ra-been*	rifle range
le tir à l'arc	*luh teer allark*	archery
tirer	*teerai*	to pull
la tirelire	*la teer-leer*	money box
le tiroir	*luh teerwar*	drawer
le toboggan	*luh to-bo-go(n)*	slide
le tobaggan géant	*luh to-bo-go(n) jai-o(n)*	giant slide
la toile d'araignée	*la twall da-renn-yai*	cobweb
les toilettes (f)	*lai twa-lett*	toilet
le toit	*luh twa*	roof
la tomate	*la to-mat*	tomato
tomber	*to(m)-bai*	to fall
la tondeuse	*la to(n)-derz*	lawn mower
le tonneau	*luh tonnaw*	barrel
le torchon	*luh tor-shon*	dish towel
la tortue	*la tor-tew*	tortoise
la tour de contrôle	*la toor duh ko(n)trawl*	control tower
le tournevis	*luh toor-nuh-veess*	screwdriver
le tourniquet	*luh toor-neekai*	sprinkler
le tracteur	*luh trak-ter*	tractor
le train	*luh tra(n)*	train
le train de marchandises	*luh tra(n) duh mar-sho(n)-deez*	freight train
le train électrique	*luh tra(n) ellek-treek*	train set
le traîneau	*luh trai-naw*	sleigh
le train fantôme	*luh tra(n) fo(n)tawm*	ghost train (ride)
le transat	*luh tro(n)-zat*	deck chair
le trapèze	*luh tra-paiz*	trapeze
treize	*traiz*	thirteen
le triangle	*luh tree-o(n)gl*	triangle
le tricycle	*luh tree-seekl*	tricycle
tricoter	*tree-kottai*	to knit
trois	*trwa*	three
la trompe	*la tro(m)p*	trunk
la trompette	*la tro(m)-pet*	trumpet
le trottoir	*luh tro-twar*	pavement
le trou	*luh troo*	hole
le tunnel	*luh tew-nell*	tunnel
le tuyau	*luh twee-yaw*	pipe
le tuyau d'arrosage	*luh twee-yaw da-ro-zaj*	hose

U

un	*a(n)*	one
l'usine (f)	*lew-zeen*	factory

V

les vacances (f)	*lai va-ko(n)ss*	vacation
la vache	*la vash*	cow
la vague	*la vag*	wave
le vaisseau spatial	*luh vai-saw spa-see-al*	spaceship
la valise	*la va-leez*	suitcase
le veau	*luh vaw*	calf
vendredi	*vo(n)-druh-dee*	Friday
le vent	*luh vo(n)*	wind
le ventre	*luh vo(n)tr*	tummy
le ver de terre	*luh vair duh tair*	worm
le verger	*luh vair-jai*	orchard
le verre	*luh vair*	glass
vert	*vair*	green

le vestiaire	*luh vest-yair*	changing room
les vêtements (m)	*lai vait-mo(n)*	clothes
le/la vétérinaire	*luh/la vettaireenair*	vet (man/woman)
la viande	*la vee-o(n)d*	meat
vide	*veed*	empty
vieux	*vee-yuh*	old
violet	*vee-olai*	purple
le village	*luh vee-laj*	village, town
vingt	*va(n)*	twenty
la vis	*la veess*	screw
vivant	*vee-vo(n)*	alive
la voile	*la vwal*	sailing
la voiture	*la vwa-tewr*	car
la voiture de course	*la vwa-tewr duh koorss*	racing car
la voiture de police	*la vwa-tewr duh po-leess*	police car
le voyage	*luh vwa-yaj*	trip

W

le wagon	*luh va-go(n)*	railway car

Y

le yaourt	*luh ya-oort*	yogurt

Z

le zèbre	*luh zaibr*	zebra
le zoo	*luh zo-o*	zoo

This revised edition first published in 1995 by Usborne Publishing Ltd, Usborne House, 83-85 Saffron Hill, London EC1N 8RT, England. www.usborne.com
Based on a previous title first published in 1979.
Copyright © 2002, 1995, 1979 Usborne Publishing Ltd.
This American edition published in 2003. AE